BARÈME

POUR LE CALCUL DES

DROITS DE MUTATION PAR DÉCÈS

(Loi du 25 février 1901)

DEUXIÈME ÉDITION

MISE AU COURANT DE LA LOI DU 30 MARS 1902

PRIX : **1** FRANC

PARIS

A L'ADMINISTRATION DU RÉPERTOIRE GÉNÉRAL PRATIQUE DU NOTARIAT

ET DE L'ENREGISTREMENT

40, rue d'Assas, 40

1903

LOI 25 FÉVRIER 1901

Art. **2.** Les droits de mutation par décès de biens, meubles ou immeubles, seront liquidés sur la part nette recueillie par chaque ayant droit. Ils sont perçus, sans addition d'aucun décime, pour chacune des fractions de cette part, suivant les tarifs portés au tableau ci-après :

INDICATION des degrés de parenté	TAUX applicable à la fraction de part nette comprise entre :							Au-dessus de 1 million de fr.
	1 fr. à 2,000 fr.	2,001 fr. à 10,000 fr.	10,001 fr. à 50,000 fr.	50,001 fr. à 100,000 fr.	100,001 fr. à 250,000 fr.	250,001 fr. à 500,000 fr.	500,001 fr. à 1 million de fr.	
	p. 100	p. 100	p. 100	p. 100	p. 100	p. 100	p. 100	p. 100
1° Ligne directe	1 »	1,25	1,50	1,75	2 »	2,50	2,50	Modifié le 30 mars 1902
2° Entre époux	3,75	4 »	4,50	5 »	5,50	6 »	6,50	
3° Entre frères et sœurs	8,50	9 »	9,50	10 »	10,50	11 »	11,50	
4° Entre oncles ou tantes et neveux ou nièces	10 »	10,50	11 »	11,50	12 »	12,50	13 »	
5° Entre grands-oncles ou grand'tantes, petits-neveux ou petites-nièces, et entre cousins germains	12 »	12,50	13 »	13,50	14 »	14,50	15 »	
6° Entre parents aux 5° et 6° degrés	14 »	14,50	15 »	15,50	16 »	16,50	17 »	
7° Entre parents au delà du 6° degré et entre personnes non parentes	15 »	15,50	16 »	16,50	17 »	17,50	18 »	

LOI 30 MARS 1902

Art. **10.** Les droits de mutation par décès, tels qu'ils sont établis par l'article 2 de la loi du 25 février 1901, sont fixés aux taux ci-après, lorsque la part nette recueillie par chaque ayant droit est supérieure à un million :

INDICATION des degrés de parenté	TAUX APPLICABLE A LA FRACTION DE part nette comprise entre				
	francs 1.000.001 et 2.000.000	francs 2.000.001 et 5.000.000	francs 5.000.001 et 10.000.000	francs 10.000.001 et 50.000.000	francs Au delà de 50.000.000
	p. 100	p. 100	p. 100	p. 100	p. 100
1° Ligne directe	3 »	3 50	4 »	4 50	5 »
2° Entre époux	7 »	7 50	8 »	8 50	9 »
3° Entre frères et sœurs	12 »	12 50	13 »	13 50	14 »
4° Entre oncles ou tantes et neveux ou nièces	13 50	14 »	14 50	15 »	15 50
5° Entre grands-oncles ou grand'tantes, petits-neveux ou petites-nièces et entre cousins germains	15 50	16 »	16 50	17 »	17 50
6° Entre parents au 5° et au 6° degré	17 50	18 »	18 50	19 »	19 50
7° Entre parents au delà du 6° degré et entre personnes non parentes	18 50	19 »	19 50	20 »	20 50

11. Par dérogation à l'article 2 de la loi du 27 ventôse an IX, le droit de mutation par décès suivra les sommes de franc en franc, lorsqu'il s'agira de parts nettes ne dépassant pas 500 francs.

Manière de calculer les droits de mutation d'après le barème.

Pour calculer les droits dus sur une part héréditaire, consulter le tableau de notre barème dans lequel cette part, d'après son importance, doit se trouver comprise :

Part ne dépassant pas 500 francs	Tableau n° 1.
Part de 501 à 2 000 francs	— 2.
Part de 2 001 à 10 000 —	— 3.
Part de 10 001 à 50 000 —	— 4.
Part de 50 001 à 100 000 —	— 5.
Part de 100 001 à 250 000 —	— 6.
Part de 250 001 à 500 000 —	— 7.
Part de 500 001 à 1 million —	— 8.
Part de 1 à 2 millions —	— 9.
Part de 2 à 5 millions —	— 10.
Part de 5 à 10 millions —	— 11.
Part de 10 à 50 millions —	— 12.
Part au delà de 50 millions —	— 13.

Cette observation est essentielle : un tableau ne saurait être substitué à un autre et la liquidation du droit doit être opérée *exclusivement* d'après les chiffres du tableau choisi comme nous venons de le dire, *sans qu'il y ait jamais lieu de se reporter à un autre tableau.*

Des exemples se trouvent au bas de la plupart des tableaux.

Nous croyons cependant devoir donner ci-après deux exemples, avec l'indication du calcul sans barème afin de faire voir la simplification de notre barème.

1er EXEMPLE. — Succession échue à des neveux.

Part nette héréditaire de chaque neveu : 38 650 francs (somme arrondie 38 660 francs).

Avec barème. Consulter tableau n° 4 (10 001 à 50 000 francs) et colonne 5.

On trouve pour	30 000	3 240	fr.
—	pour	8 000	880	»
—	pour	600	66	»
—	pour	60	6,60	
	Total . . . 38 660. Droits dus	4 192,60	

Sans barème. Les droits doivent être liquidés ainsi :

Sur 2 000 à 10 p. 100	200	»
Sur 8 000 à 10,50 p. 100	840	»
Sur 28 660 à 11 p. 100	3 152,60	
Total . . . 38 660 . . . — . . Droits dus	4 192,60	

2e EXEMPLE. — Part héréditaire d'un époux s'élevant à 406 847 francs (somme arrondie 406 860 francs).

Avec barème. Consulter tableau n° 7 (250 001 à 500 000 francs) et colonne 3.

On trouve pour 400 000 francs	21 945	fr.
—	pour	6 000 »	360	»
—	pour	800 »	48	»
—	pour	60 »	3,60	
Total . . . . 406 860 francs Droits dus . . .	22 356,60	

Sans barème. Les droits doivent être liquidés ainsi :

Sur 2 000 francs à 3,75 p. 100	75	fr.
Sur 8 000 » à 4 p. 100	320	»
Sur 40 000 » à 4,50 p. 100	1 800	»
Sur 50 000 » à 5 p. 100	2 500	»
Sur 150 000 » à 5,50 p. 100	8 250	»
Sur 156 860 » à 6 p. 100	9 411,60	
Total . . . 406 860 francs. Droits dus	22 356,60	

Tableau I

Part nette héréditaire ne dépassant pas 500 francs.

CAPITAL imposable.	LIGNE directe.	ENTRE époux.	ENTRE frères et sœurs.	ENTRE oncles ou tantes et neveux ou nièces.	ENTRE grands-oncles ou grand'tantes petits-neveux ou petites nièces et entre cousins germains.	ENTRE parents aux 5e et 6e degrés.	ENTRE parents au delà du 6e degré et entre personnes non parentes.
1	2	3	4	5	6	7	8
1	0,01	0,0375	0,085	0,10	0,12	0,14	0,15
2	0,02	0,075	0,17	0,20	0,24	0,28	0,30
3	0,03	0,1125	0,255	0,30	0,36	0,42	0,45
4	0,04	0,15	0,34	0,40	0,48	0,56	0,60
5	0,05	0,1875	0,425	0,50	0,60	0,70	0,75
6	0,06	0,225	0,51	0,60	0,72	0,84	0,90
7	0,07	0,2625	0,595	0,70	0,84	0,98	1,05
8	0,08	0,30	0,68	0,80	0,96	1,12	1,20
9	0,09	0,3375	0,765	0,90	1,08	1,26	1,35
10	0,10	0,375	0,85	1	1,20	1,40	1,50
11	0,11	0,4125	0,935	1,10	1,32	1,54	1,65
12	0,12	0,45	1,02	1,20	1,44	1,68	1,80
13	0,13	0,4875	1,105	1,30	1,56	1,82	1,95
14	0,14	0,525	1,19	1,40	1,68	1,96	2,10
15	0,15	0,5625	1,275	1,50	1,80	2,10	2,25
16	0,16	0,60	1,36	1,60	1,92	2,24	2,40
17	0,17	0,6375	1,445	1,70	2,04	2,38	2,55
18	0,18	0,675	1,53	1,80	2,16	2,52	2,70
19	0,19	0,7125	1,615	1,90	2,28	2,66	2,85
20	0,20	0,75	1,70	2	2,40	2,80	3
30	0,30	1,125	2,55	3	3,60	4,20	4,50
40	0,40	1,50	3,40	4	4,80	5,60	6
50	0,50	1,875	4,25	5	6	7	7,50
60	0,60	2,25	5,10	6	7,20	8,40	9
70	0,70	2,625	5,95	7	8,40	9,80	10,50
80	0,80	3	6,80	8	9,60	11,20	12
90	0,90	3,375	7,65	9	10,80	12,60	13,50
100	1	3,75	8,50	10	12	14	15
200	2	7,50	17	20	24	28	30
300	3	11,25	25,50	30	36	42	45
400	4	15	34	40	48	56	60
500	5	18,75	42,50	50	60	70	75

EXEMPLE. — Une succession s'élevant à 1800 francs est dévolue à quatre enfants. La part de chacun est de 450 francs. On prendra, dans la colonne 2, les droits inscrits en regard de 400 et de 50, soit 4 francs et 0 fr. 50. Chaque enfant paiera donc 4 fr. 50, et il sera dû, en tout, 18 francs.

Tableau II

Part nette héréditaire comprise entre 501 et 2 000 francs.

CAPITAL imposable.	LIGNE directe.	ENTRE époux.	ENTRE frères et sœurs.	ENTRE oncles ou tantes et neveux ou nièces.	ENTRE grands-oncles ou grand'tantes petits-neveux ou petites-nièces et entre cousins germains.	ENTRE parents aux 5e et 6e degrés.	ENTRE parents au delà du 6e degré et entre personnes non parentes.
1	2	3	4	5	6	7	8
20	0,20	0,75	1,70	2	2,40	2,80	3
40	0,40	1,50	3,40	4	4,80	5,60	6
60	0,60	2,25	5,10	6	7,20	8,40	9
80	0,80	3	6,80	8	9,60	11,20	12
100	1	3,75	8,50	10	12	14	15
200	2	7,50	17	20	24	28	30
300	3	11,25	25,50	30	36	42	45
400	4	15	34	40	48	56	60
500	5	18,75	42,50	50	60	70	75
600	6	22,50	51	60	72	84	90
700	7	26,25	59,50	70	84	98	105
800	8	30	68	80	96	112	120
900	9	33,75	76,50	90	108	126	135
1 000	10	37,50	85	100	120	140	150
2 000	20	75	170	200	240	280	300

Exemple général. — Une succession est dévolue à un père et à quatre frères et sœurs. L'actif net de succession est de 480 968 francs, revenant au père pour 1/4, soit 120 242 francs, et aux frères et sœurs pour 3/4, soit 360 726 francs ou séparément chacun pour 90 181 fr. 50.

Pour calculer les droits à payer par le père, sa part héréditaire étant de 120 242 francs, soit en arrondissant 120 260 francs, on se reporte au tableau 6, relatif à la part nette héréditaire comprise entre 100 001 et 250 000 francs et dans la colonne 2, on prend les chiffres se rapportant à 100 000, 20 000, 200 et 60, soit 1 595 francs + 400 francs + 4 francs + 1 fr. 20 = 2 000 fr 20 montant des droits dus par le père.

Pour calculer les droits à payer par chacun des frères et sœurs, la part héréditaire de chacun étant de 90 181 fr. 50, soit en arrondissant 90 200 francs, il faut se reporter au tableau 5 et prendre dans la colonne 4 les chiffres se rapportant à 90 000 et 200 soit 8 690 francs + 20 = 8 710 fr. montant des droits à payer par chacun des frères ou sœurs.

Tableau III

Part nette héréditaire comprise entre 2 001 et 10 000 francs.

CAPITAL imposable.	LIGNE directe.	ENTRE époux.	ENTRE frères et sœurs.	ENTRE oncles ou tantes et neveux ou nièces.	ENTRE grands-oncles ou grand'tantes petits-neveux ou petites-nièces et entre cousins germains.	ENTRE parents aux 5e et 6e degrés.	ENTRE parents au delà du 6e degré et entre personnes non parentes
1	2	3	4	5	6	7	8
20	0,25	0,80	1,80	2,10	2,50	2,90	3,10
40	0,50	1,60	3,60	4,20	5	5,80	6,20
60	0,75	2,40	5,40	6,30	7,50	8,70	9,30
80	1	3,20	7,20	8,40	10	11,60	12,40
100	1,25	4	9	10,50	12,50	14,50	15,50
200	2,50	8	18	21	25	29	31
300	3,75	12	27	31,50	37,50	43,50	46,50
400	5	16	36	42	50	58	62
500	6,25	20	45	52,50	62,50	72,50	77,50
600	7,50	24	54	63	75	87	93
700	8,75	28	63	73,50	87,50	101,50	108,50
800	10	32	72	84	100	116	124
900	11,25	36	81	94,50	112,50	130,50	139,50
2 000	20	75	170	200	240	280	300
3 000	32,50	115	260	305	365	425	455
4 000	45	155	350	410	490	570	610
5 000	57,50	195	440	515	615	715	765
6 000	70	235	530	620	740	860	920
7 000	82,50	275	620	725	865	1 005	1 075
8 000	95	315	710	830	990	1 150	1 230
9 000	107,50	355	800	935	1 115	1 295	1 385
10 000	120	395	890	1 040	1 240	1 440	1 540

EXEMPLE. — La part nette héréditaire revenant à un parent au 5e ou 6e degré est de 8 680 fr. Pour calculer les droits de mutation, par décès, on prend dans la 7e colonne les chiffres se rapportant à 8 000, 600 et 80, soit 1 150 francs + 87 francs + 11 fr. 60 = 1 248 fr. 60, montant des droits à payer par les parents au 5e ou 6e degré.

Tableau IV

Part nette héréditaire comprise entre 10 001 et 50 000 francs.

CAPITAL imposable.	LIGNE directe.	ENTRE époux.	ENTRE frères et sœurs.	ENTRE oncles ou tantes et neveux ou nièces.	ENTRE grands-oncles ou grand' tantes petits-neveux ou petites-nièces et entre cousins germains.	ENTRE parents aux 5ᵉ et 6ᵉ degrés.	ENTRE parents au delà du 6ᵉ degré et entre personnes non parentes.
1	2	3	4	5	6	7	8
20	0,30	0,90	1,90	2,20	2,60	3	3,20
40	0,60	1,80	3,80	4,40	5,20	6	6,40
60	0,90	2,70	5,70	6,60	7,80	9	9,60
80	1,20	3,60	7,60	8,80	10,40	12	12,80
100	1,50	4,50	9,50	11	13	15	16
200	3	9	19	22	26	30	32
300	4,50	13,50	28,50	33	39	45	48
400	6	18	38	44	52	60	64
500	7,50	22,50	47,50	55	65	75	80
600	9	27	57	66	78	90	96
700	10,50	31,50	66,50	77	91	105	112
800	12	36	76	88	104	120	128
900	13,50	40,50	85,50	99	117	135	144
1 000	15	45	95	110	130	150	160
2 000	30	90	190	220	260	300	320
3 000	45	135	285	330	390	450	480
4 000	60	180	380	440	520	600	640
5 000	75	225	475	550	650	750	800
6 000	90	270	570	660	780	900	960
7 000	105	315	665	770	910	1 050	1 120
8 000	120	360	760	880	1 040	1 200	1 280
9 000	135	405	855	990	1 170	1 350	1 440
10 000	120	395	890	1 040	1 240	1 440	1 540
20 000	270	845	1 840	2 140	2 540	2 940	3 140
30 000	420	1 295	2 790	3 240	3 840	4 440	4 740
40 000	570	1 745	3 740	4 340	5 140	5 940	6 340
50 000	720	2 195	4 690	5 440	6 440	7 440	7 910

Exemple. — La part nette héréditaire échue à un oncle est de 38 650 francs, soit en arrondissant la somme de 38 660 francs. Pour calculer les droits de mutation par décès à payer, on prend, dans la 5ᵉ colonne, les chiffres se rapportant à 30 000, 8 000, 600 et 60 francs, soit 3 240 + 880 + 66 + 6,60 = 4 192 fr. 60

Tableau V

Part nette héréditaire comprise entre 50 001 et 100 000 francs.

CAPITAL imposable.	LIGNE directe.	ENTRE époux.	ENTRE frères et sœurs.	ENTRE oncles ou tantes et neveux ou nièces.	ENTRE grands-oncles ou grand'tantes petits-neveux ou petites-nièces et entre cousins germains.	ENTRE parents aux 5e et 6e degrés.	ENTRE parents au delà du 6e degré et entre personnes non parentes.
1	2	3	4	5	6	7	8
20	0,35	1	2	2,30	2,70	3,10	3,30
40	0,70	2	4	4,60	5,40	6,20	6,60
60	1,05	3	6	6,90	8,10	9,30	9,90
80	1,40	4	8	9,20	10,80	12,40	13,20
100	1,75	5	10	11,50	13,50	15,50	16,50
200	3,50	10	20	23	27	31	33
300	5,25	15	30	34,50	40,50	46,50	49,50
400	7	20	40	46	54	62	66
500	8,75	25	50	57,50	67,50	77,50	82,50
600	10,50	30	60	69	81	93	99
700	12,25	35	70	80,50	94,50	108,50	115,50
800	14	40	80	92	108	124	132
900	15,75	45	90	103,50	121,50	139,50	148,50
1 000	17,50	50	100	115	135	155	165
2 000	35	100	200	230	270	310	330
3 000	52,50	150	300	345	405	465	495
4 000	70	200	400	460	540	620	660
5 000	87,50	250	500	575	675	775	825
6 000	105	300	600	690	810	930	990
7 000	122,50	350	700	805	945	1 085	1 155
8 000	140	400	800	920	1 080	1 210	1 320
9 000	157,50	450	900	1 035	1 215	1 395	1 485
50 000	720	2 195	4 690	5 440	6 440	7 440	7 940
60 000	895	2 695	5 690	6 590	7 790	8 990	9 590
70 000	1 070	3 195	6 690	7 740	9 140	10 540	11 240
80 000	1 245	3 695	7 690	8 890	10 490	12 090	12 890
90 000	1 420	4 195	8 690	10 040	11 840	13 640	14 540
100 000	1 595	4 695	9 690	11 290	13 190	15 190	16 190

EXEMPLE. — La part héréditaire nette échue à un enfant est de 95 625 fr., soit en arrondissant 95 640 fr. Pour calculer les droits à payer par cet enfant, on prend dans la 1re colonne les chiffres se rapportant à 90 000, 5 000, 600 et 40, soit 1 420 + 87,50 + 10,50 + 0,70 = 1 518 fr. 70.

Tableau VI

Part nette héréditaire comprise entre 100 001 et 250 000 francs.

CAPITAL imposable.	LIGNE directe.	ENTRE époux.	ENTRE frères et sœurs.	ENTRE oncles ou tantes et neveux ou nièces.	ENTRE grands-oncles ou grand'tantes petits-neveux ou petites-nièces et entre cousins germains.	ENTRE parents aux 5e et 6e degrés.	ENTRE parents au delà du 6e degré et entre personnes non parentes.
1	2	3	4	5	6	7	8
20	0,40	1,10	2,10	2,40	2,80	3,20	3,40
40	0,80	2,20	4,20	4,80	5,60	6,40	6,80
60	1,20	3,30	6,30	7,20	8,40	9,60	10,20
80	1,60	4,40	8,40	9,60	11,20	12,80	13,60
100	2	5,50	10,50	12	14	16	17
200	4	11	21	24	28	32	34
300	6	16,50	31,50	36	42	48	51
400	8	22	42	48	56	64	68
500	10	27,50	52,50	60	70	80	85
600	12	33	63	72	84	96	102
700	14	38,50	73,50	84	98	112	119
800	16	44	84	96	112	128	136
900	18	49,50	94,50	108	126	144	153
1 000	20	55	105	120	140	160	170
2 000	40	110	210	240	280	320	340
3 000	60	165	315	360	420	480	510
4 000	80	220	420	480	560	640	680
5 000	100	275	525	600	700	800	850
6 000	120	330	630	720	840	960	1 020
7 000	140	385	735	840	980	1 120	1 190
8 000	160	440	840	960	1 120	1 280	1 360
9 000	180	495	945	1 080	1 260	1 440	1 530
10 000	200	550	1 050	1 200	1 400	1 600	1 700
20 000	400	1 100	2 100	2 400	2 800	3 200	3 400
30 000	600	1 650	3 150	3 600	4 200	4 800	5 100
40 000	800	2 200	4 200	4 800	5 600	6 400	6 800
50 000	1 000	2 750	5 250	6 000	7 000	8 000	8 500
60 000	1 200	3 300	6 300	7 200	8 400	9 600	10 200
70 000	1 400	3 850	7 350	8 400	9 800	11 200	11 900
80 000	1 600	4 400	8 400	9 600	11 200	12 800	13 600
90 000	1 800	4 950	9 450	10 800	12 600	14 400	15 300
100 000	1 595	4 695	9 690	11 190	13 190	15 190	16 190
200 000	3 595	10 195	20 190	23 190	27 190	31 190	33 190
250 000	4 595	12 945	25 440	29 190	34 190	39 190	41 690

EXEMPLE. — La part nette revenant à un légataire universel non parent est de 225 360 francs. Pour calculer les droits de mutation qu'il a à payer, on prend dans la 8e colonne les chiffres se rapportant à 200 000, 20 000, 5 000, 300, 60, soit 33 190 + 3 400 + 850 + 51 + 10,20 = 37 501 fr. 20.

TABLEAU VII

Part nette héréditaire comprise entre 250 001 et 500 000 francs.

CAPITAL imposable.	LIGNE directe.	ENTRE époux.	ENTRE frères et sœurs.	ENTRE oncles ou tantes et neveux ou nièces.	ENTRE grands-oncles ou grand'tantes petits-neveux ou petites-nièces et entre cousins germains.	ENTRE parents aux 5e et 6e degrés.	ENTRE parents au delà du 6e degré et entre personnes non parentes.
1	2	3	4	5	6	7	8
20	0,50	1,20	2,20	2,50	2,90	3,30	3,50
40	1	2,40	4,40	5	5,80	6,60	7
60	1,50	3,60	6,60	7,50	8,70	9,90	10,50
80	2	4,80	8,80	10	11,60	13,20	14
100	2,50	6	11	12,50	14,50	16,50	17,50
200	5	12	22	25	29	33	35
300	7,50	18	33	37,50	43,50	49,50	52,50
400	10	24	44	50	58	66	70
500	12,50	30	55	62,50	72,50	82,50	87,50
600	15	36	66	75	87	99	105
700	17,50	42	77	87,50	101,50	115,50	122,50
800	20	48	88	100	116	132	140
900	22,50	54	99	112,50	130,50	148,50	157,50
1 000	25	60	110	125	145	165	175
2 000	50	120	220	250	290	330	350
3 000	75	180	330	375	435	495	525
4 000	100	240	440	500	580	660	700
5 000	125	300	550	625	725	825	875
6 000	150	360	660	750	870	990	1 050
7 000	175	420	770	875	1 015	1 155	1 225
8 000	200	480	880	1 000	1 160	1 320	1 400
9 000	225	540	990	1 125	1 305	1 485	1 575
10 000	250	600	1 100	1 250	1 450	1 650	1 750
20 000	500	1 200	2 200	2 500	2 900	3 300	3 500
30 000	750	1 800	3 300	3 750	4 350	4 950	5 250
40 000	1 000	2 400	4 400	5 000	5 800	6 600	7 000
50 000	1 250	3 000	5 500	6 250	7 250	8 250	8 750
60 000	1 500	3 600	6 600	7 500	8 700	9 900	10 500
70 000	1 750	4 200	7 700	8 750	10 150	11 550	12 250
80 000	2 000	4 800	8 800	10 000	11 600	13 200	14 000
90 000	2 250	5 400	9 900	11 250	13 050	14 850	15 750
250 000	4 595	12 945	25 440	29 190	34 190	39 190	41 690
260 000	4 845	13 545	26 540	30 440	35 640	40 840	43 440
270 000	5 095	14 145	27 640	31 690	37 090	42 490	45 190
280 000	5 345	14 745	28 740	32 940	38 540	44 140	46 940
290 000	5 595	15 345	29 840	34 190	39 990	45 790	48 690
300 000	5 845	15 945	30 940	35 440	41 440	47 440	50 440
400 000	8 345	21 945	41 940	47 940	55 910	63 940	67 940
500 000	10 845	27 945	52 940	60 440	70 440	80 440	85 440

EXEMPLE. — La part nette revenant à un époux, en qualité de légataire ou d'héritier, est de 406 847 francs, soit en arrondissant 406 860 francs. Pour calculer le montant des droits de mutation qu'il a à payer, il faut prendre dans la colonne 3, les chiffres se rapportant à 400 000, 6 000, 800, 60, soit 21 945 + 360 + 48 + 3,60 = 22 356 fr. 60.

Tableau VIII

Part nette héréditaire comprise entre 500 001 et un million de francs.

CAPITAL imposable.	LIGNE directe.	ENTRE époux,	ENTRE frères et sœurs.	ENTRE oncles ou tantes et neveux ou nièces.	ENTRE grands-oncles ou grand'tantes petits-neveux ou petites-nièces et entre cousins germains.	ENTRE parents aux 5e et 6e degrés.	ENTRE parents au delà du 6e degré et entre personnes non parentes.
1	2	3	4	5	6	7	8
20	0,50	1,30	2,30	2,60	3	3,40	3,60
40	1	2,60	4,60	5,20	6	6,80	7,20
60	1,50	3,90	6,90	7,80	9	10,20	10,80
80	2	5,20	9,20	10,40	12	13,60	14,40
100	2,50	6,50	11,50	13	15	17	18
200	5	13	23	26	30	34	36
300	7,50	19,50	34,50	39	45	51	54
400	10	26	46	52	60	68	72
500	12,50	32,50	57,50	65	75	85	90
600	15	39	69	78	90	102	108
700	17,50	45,50	80,50	91	105	119	126
800	20	52	92	104	120	136	144
900	22,50	58,50	103,50	117	135	153	162
1 000	25	65	115	130	150	170	180
2 000	50	130	230	260	300	340	360
3 000	75	195	345	390	450	510	540
4 000	100	260	460	520	600	680	720
5 000	125	325	575	650	750	850	900
6 000	150	390	690	780	900	1 020	1 080
7 000	175	455	805	910	1 050	1 190	1 260
8 000	200	520	920	1 040	1 200	1 360	1 440
9 000	225	585	1 035	1 170	1 350	1 530	1 620
10 000	250	650	1 150	1 300	1 500	1 700	1 800
20 000	500	1 300	2 300	2 600	3 000	3 400	3 600
30 000	750	1 950	3 450	3 900	4 500	5 100	5 400
40 000	1 000	2 600	4 600	5 200	6 000	6 800	7 200
50 000	1 250	3 250	5 750	6 500	7 500	8 500	9 000
60 000	1 500	3 900	6 900	7 800	9 000	10 200	10 800
70 000	1 750	4 550	8 050	9 100	10 500	11 900	12 600
80 000	2 000	5 200	9 200	10 400	12 000	13 600	14 400
90 000	2 250	5 850	10 350	11 700	13 500	15 300	16 200
500 000	10 845	27 945	52 940	60 440	70 440	80 440	85 440
600 000	13 345	34 445	64 440	73 440	85 440	97 440	103 440
700 000	15 845	40 945	75 940	86 440	100 440	114 440	121 440
800 000	18 345	47 445	87 440	99 440	115 440	131 440	139 440
900 000	20 845	53 945	98 940	112 440	130 440	148 440	157 440
1 000 000	23 345	60 445	110 440	125 440	145 440	165 440	175 440

EXEMPLE. — La part nette héréditaire revenant à un frère est de 889 785 fr., soit en arrondissant 889 800 fr. Pour calculer les droits de mutation qu'il a à payer, on prend, dans la colonne 4, les chiffres se rapportant à 800 000, 80 000, 9 000 et 800, soit 87 440 + 9 200 + 1 035 + 92 = 97 767 fr.

Tableau IX

Part nette héréditaire comprise entre 1 million et 2 millions.

CAPITAL imposable.	LIGNE directe.	ENTRE époux.	ENTRE frères et sœurs.	ENTRE oncles ou tantes et neveux ou nièces.	ENTRE grands-oncles ou grand'tantes petits-neveux ou petites-nièces et entre cousins germains.	ENTRE parents aux 5e et 6e degrés.	ENTRE parents au delà du 6e degré et entre personnes non parentes.
1	2	3	4	5	6	7	8
20	0,60	1,40	2,40	2,70	3,10	3,50	3,70
40	1,20	2,80	4,80	5,40	6,20	7	7,40
60	1,80	4,20	7,20	8,10	9,30	10,50	11,10
80	2,40	5,60	9,60	10,80	12,40	14	14,80
100	3	7	12	13,50	15,50	17,50	18,50
200	6	14	24	27	31	35	37
300	9	21	36	40,50	46,50	52,50	55,50
400	12	28	48	54	62	70	74
500	15	35	60	67,50	77,50	87,50	92,50
600	18	42	72	81	93	105	111
700	21	49	84	94,50	108,50	122,50	129,50
800	24	56	96	108	124	140	148
900	27	63	108	121,50	139,50	157,50	166,50
1 000	30	70	120	135	155	175	185
2 000	60	140	240	270	310	350	370
3 000	90	210	360	405	465	525	555
4 000	120	280	480	540	620	700	740
5 000	150	350	600	675	775	875	925
6 000	180	420	720	810	930	1 050	1 110
7 000	210	490	840	945	1 085	1 225	1 295
8 000	240	560	960	1 080	1 240	1 400	1 480
9 000	270	630	1 080	1 215	1 395	1 575	1 665
10 000	300	700	1 200	1 350	1 550	1 750	1 850
20 000	600	1 400	2 400	2 700	3 100	3 500	3 700
30 000	900	2 100	3 600	4 050	4 650	5 250	5 550
40 000	1 200	2 800	4 800	5 400	6 200	7 000	7 400
50 000	1 500	3 500	6 000	6 750	7 750	8 750	9 250
60 000	1 800	4 200	7 200	8 100	9 300	10 500	11 100
70 000	2 100	4 900	8 400	9 450	10 850	12 250	12 950
80 000	2 400	5 600	9 600	10 800	12 400	14 000	14 800
90 000	2 700	6 300	10 800	12 150	13 950	15 750	16 650
100 000	3 000	7 000	12 000	13 500	15 500	17 500	18 500
200 000	6 000	14 000	24 000	27 000	31 000	35 000	37 000
300 000	9 000	21 000	36 000	40 500	46 500	52 500	55 500
400 000	12 000	28 000	48 000	54 000	62 000	70 000	74 000
500 000	15 000	35 000	60 000	67 500	77 500	87 500	92 500
600 000	18 000	42 000	72 000	81 000	93 000	103 000	111 000
700 000	21 000	49 000	84 000	94 500	108 500	122 500	129 500
800 000	24 000	56 000	96 000	108 000	124 000	140 000	148 000
900 000	27 000	63 000	108 000	121 500	139 500	157 500	166 500
1 000 000	23 345	60 445	110 440	125 440	145 440	165 440	175 440
2 000 000	53 345	130 445	230 440	260 440	300 440	340 440	360 440

Tableau X

Part nette héréditaire comprise entre 2 millions et 5 millions

CAPITAL imposable.	LIGNE directe.	ENTRE époux.	ENTRE frères et sœurs.	ENTRE oncles ou tantes et neveux ou nièces.	ENTRE grands-oncles ou grand'tantes petits-neveux ou petites-nièces et entre cousins germains.	ENTRE parents aux 5e et 6e degrés.	ENTRE parents au delà du 6e degré et entre personnes non parentes.
1	2	3	4	5	6	7	8
20	0,70	1,50	2,50	2,80	3,20	3,60	3,80
40	1,40	3	5	5,60	6,40	7,20	7,60
60	2,10	4,50	7,50	8,40	9,60	10,80	11,40
80	2,80	6	10	11,20	12,80	14,40	15,20
100	3,50	7,50	12,50	14	16	18	19
200	7	15	25	28	32	36	38
300	10,50	22,50	37,50	42	48	54	57
400	14	30	50	56	64	72	76
500	17.50	37,50	62,50	70	80	90	95
600	21	45	75	84	96	108	114
700	24,50	52,50	87,50	98	112	126	133
800	28	60	100	112	128	144	152
900	31,50	67,50	112,50	126	144	162	171
1 000	35	75	125	140	160	180	190
2 000	70	150	250	280	320	360	380
3 000	105	225	375	420	480	540	570
4 000	140	300	500	560	640	720	760
5 000	175	375	625	700	800	900	950
6 000	210	450	750	840	960	1 080	1 140
7 000	245	525	875	980	1 120	1 260	1 330
8 000	280	600	1 000	1 120	1 280	1 440	1 520
9 000	315	675	1 125	1 260	1 440	1 620	1 710
10 000	350	750	1 250	1 400	1 600	1 800	1 900
20 000	700	1 500	2 500	2 800	3 200	3 600	3 800
30 000	1 050	2 250	3 750	4 200	4 800	5 400	5 700
40 000	1 400	3 000	5 000	5 600	6 400	7 200	7 600
50 000	1 750	3 750	6 250	7 000	8 000	9 000	9 500
60 000	2 100	4 500	7 500	8 400	9 600	10 800	11 400
70 000	2 450	5 250	8 750	9 800	11 200	12 600	13 300
80 000	2 800	6 000	10 000	11 200	12 800	14 400	15 200
90 000	3 150	6 750	11 250	12 600	14 400	16 200	17 100
100 000	3 500	7 500	12 500	14 000	16 000	18 000	19 000
200 000	7 000	15 000	25 000	28 000	32 000	36 000	38 000
300 000	10 500	22 500	37 500	42 000	48 000	54 000	57 000
400 000	14 000	30 000	50 000	56 000	64 000	72 000	76 000
500 000	17 500	37 500	62 500	70 000	80 000	90 000	95 000
600 000	21 000	45 000	75 000	84 000	96 000	108 000	114 000
700 000	24 500	52 500	87 500	98 000	112 000	126 000	133 000
800 000	28 000	60 000	100 000	112 000	128 000	144 000	152 000
900 000	31 500	67 500	112 500	126 000	144 000	162 000	171 000
2 000 000	53 345	130 445	230 440	260 440	300 440	340 440	360 440
3 000 000	88 345	205 445	355 440	400 440	460 440	520 440	550 440
4 000 000	123 345	280 445	480 440	540 440	620 440	700 440	740 440
5 000 000	158 345	355 445	605 440	680 440	680 440	880 440	930 440

TABLEAU XI

Part nette héréditaire comprise entre 5 millions et 10 millions.

CAPITAL imposable.	LIGNE directe	ENTRE époux.	ENTRE frères et sœurs.	ENTRE oncles ou tantes et neveux ou nièces.	ENTRE grands-oncles ou grand'tantes petits-neveux ou petites-niéces et entre cousins germains.	ENTRE parents aux 5e et 6e degrés.	ENTRE parents au delà du 6e degré et entre personnes non parentes.
1	2	3	4	5	6	7	8
20	0,80	1,60	2,60	2,90	3,30	3,70	3,90
40	1,60	3,20	5,20	5,80	6,60	7,40	7,80
60	2,40	4,80	7,80	8,70	9,90	11,10	11,70
80	3,20	6,40	10,40	11,60	13,20	14,80	15,60
100	4	8	13	14,50	16,50	18,50	19,50
200	8	16	26	29	33	37	39
300	12	24	39	43,50	49,50	55,50	58,50
400	16	32	52	58	66	74	78
500	20	40	65	72,50	82,50	92,50	97,50
600	24	48	78	87	99	111	117
700	28	56	91	101,50	115,50	129,50	136,50
800	32	64	104	116	132	148	156
900	36	72	117	130,50	148,50	166,50	175,50
1 000	40	80	130	145	165	185	195
2 000	80	160	260	290	330	370	390
3 000	120	240	390	435	495	555	585
4 000	160	320	520	580	660	740	780
5 000	200	400	650	725	825	925	975
6 000	240	480	780	870	990	1 110	1 170
7 000	280	560	910	1 015	1 155	1 295	1 365
8 000	320	640	1 040	1 160	1 320	1 480	1 560
9 000	360	720	1 170	1 305	1 485	1 665	1 755
10 000	400	800	1 300	1 450	1 650	1 850	1 950
20 000	800	1 600	2 600	2 900	3 300	3 700	3 900
30 000	1 200	2 400	3 900	4 350	4 950	5 550	5 850
40 000	1 600	3 200	5 200	5 800	6 600	7 400	7 800
50 000	2 000	4 000	6 500	7 250	8 250	9 250	9 750
60 000	2 400	4 800	7 800	8 700	9 900	11 100	11 700
70 000	2 800	5 600	9 100	10 150	11 550	12 950	13 650
80 000	3 200	6 400	10 400	11 600	13 200	14 800	15 600
90 000	3 600	7 200	11 700	13 050	14 850	16 650	17 550
100 000	4 000	8 000	13 000	14 500	16 500	18 500	19 500
200 000	8 000	16 000	26 000	29 000	33 000	37 000	39 000
300 000	12 000	24 000	39 000	43 500	49 500	55 500	58 500
400 000	16 000	32 000	52 000	58 000	66 000	74 000	78 000
500 000	20 000	40 000	65 000	72 500	82 500	92 500	97 500
600 000	24 000	48 000	78 000	87 000	99 000	111 000	117 000
700 000	28 000	56 000	91 000	101 500	115 500	129 500	136 500
800 000	32 000	64 000	104 000	116 000	132 000	148 000	156 000
900 000	36 000	72 000	117 000	130 500	148 500	166 500	175 500
5 000 000	158 345	355 445	605 440	680 440	780 440	880 440	930 440
6 000 000	198 345	435 445	735 440	825 440	945 440	1065 440	1125 440
7 000 000	238 345	515 445	865 440	970 440	1110 440	1250 440	1320 440
8 000 000	278 345	595 445	995 440	1115 440	1275 440	1435 440	1515 440
9 000 000	318 345	675 445	1125 440	1260 440	1440 440	1620 440	1710 440
10 000 000	358 345	755 445	1255 440	1405 440	1605 440	1805 440	1905 440

Tableau XII

Part nette héréditaire comprise entre 10 millions et 50 millions

CAPITAL imposable.	LIGNE directe.	ENTRE époux.	ENTRE frères et sœurs.	ENTRE oncles ou tantes et neveux ou nièces.	ENTRE grands-oncles ou grand'tantes petits-neveux ou petites-nièces et entre cousins germains.	ENTRE parents aux 5e et 6e degrés.	ENTRE parents au delà du 6e degré et entre personnes non parentes.
1	2	3	4	5	6	7	8
20	0,90	1,70	2,70	3	3,40	3,80	4
40	1,80	3,40	5,40	6	6,80	7,60	8
60	2,70	5,10	8,10	9	10,20	11,40	12
80	3,60	6,80	10,80	12	13,60	15,20	16
100	4,50	8,50	13,50	15	17	19	20
200	9	17	27	30	34	38	40
300	13,50	25,50	40,50	45	51	57	60
400	18	34	54	60	68	76	80
500	22,50	42,50	67,50	75	85	95	100
600	27	51	81	90	102	114	120
700	31,50	59,50	94,50	105	119	133	140
800	36	68	108	120	136	152	160
900	40,50	76,50	121,50	135	153	171	180
1 000	45	85	135	150	170	190	200
2 000	90	170	270	300	340	380	400
3 000	135	255	405	450	510	570	600
4 000	180	340	540	600	680	760	800
5 000	225	425	675	750	850	950	1 000
6 000	270	510	810	900	1 020	1 140	1 200
7 000	315	595	945	1 050	1 190	1 330	1 400
8 000	360	680	1 080	1 200	1 360	1 520	1 600
9 000	405	765	1 215	1 350	1 530	1 710	1 800
10 000	450	850	1 350	1 500	1 700	1 900	2 000
20 000	900	1 700	2 700	3 000	3 400	3 800	4 000
30 000	1 350	2 550	4 050	4 500	5 100	5 700	6 000
40 000	1 800	3 400	5 400	6 000	6 800	7 600	8 000
50 000	2 250	4 250	6 750	7 500	8 500	9 500	10 000
60 000	2 700	5 100	8 100	9 000	10 200	11 400	12 000
70 000	3 150	5 950	9 450	10 500	11 900	13 300	14 000
80 000	3 600	6 800	10 800	12 000	13 600	15 200	16 000
90 000	4 050	7 650	12 150	13 500	15 300	17 100	18 000
100 000	4 500	8 500	13 500	15 000	17 000	19 000	20 000
200 000	9 000	17 000	27 000	30 000	34 000	38 000	40 000
300 000	13 500	25 500	40 500	45 000	51 000	57 000	60 000
400 000	18 000	34 000	54 000	60 000	68 000	76 000	80 000
500 000	22 500	42 500	67 500	75 000	85 000	95 000	100 000
600 000	27 000	51 000	81 000	90 000	102 000	114 000	120 000
700 000	31 500	59 500	94 500	105 000	119 000	133 000	140 000
800 000	36 000	68 000	108 000	120 000	136 000	152 000	160 000
900 000	40 500	76 500	121 500	135 000	153 000	171 000	180 000
1 000 000	45 000	85 000	135 000	150 000	170 000	190 000	200 000
2 000 000	90 000	170 000	270 000	300 000	340 000	380 000	400 000
3 000 000	135 000	255 000	405 000	450 000	510 000	570 000	600 000
4 000 000	180 000	340 000	540 000	600 000	680 000	760 000	800 000
5 000 000	225 000	425 000	675 000	750 000	850 000	950 000	1 000 000
6 000 000	270 000	510 000	810 000	900 000	1 020 000	1 140 000	1 200 000
7 000 000	315 000	595 000	945 000	1 050 000	1 190 000	1 330 000	1 400 000
8 000 000	360 000	680 000	1 080 000	1 200 000	1 360 000	1 520 000	1 600 000
9 000 000	405 000	765 000	1 215 000	1 350 000	1 530 000	1 710 000	1 800 000
10 000 000	358 345	755 445	1 255 440	1 405 440	1 605 440	1 805 440	1 905 440
20 000 000	808 345	1 605 445	2 605 440	2 905 440	3 305 440	3 705 440	3 905 440
30 000 000	1 258 345	2 455 445	3 955 440	4 405 440	5 005 440	5 605 440	5 905 440
40 000 000	1 708 345	3 305 445	5 305 440	5 905 440	6 705 440	7 505 440	7 905 440
50 000 000	2 158 345	4 155 445	6 655 440	7 405 440	8 405 440	9 405 440	9 905 440

TABLEAU XIII

Part nette héréditaire au delà de 50 millions.

CAPITAL imposable.	LIGNE directe.	ENTRE époux.	ENTRE frères et sœurs	ENTRE oncles ou tantes et neveux ou nièces.	ENTRE grands-oncles ou grand'tantes petits-neveux ou petites-nièces et entre cousins germains.	ENTRE parents aux 5e et 6e degrés.	ENTRE parents au delà du 6e degré et entre personnes non parentes.
1	2	3	4	5	6	7	8
20	1	1,80	2,80	3,10	3,50	3,90	4,10
40	2	3,60	5,60	6,20	7	7,80	8,20
60	3	5,40	8,40	9,30	10,50	11,70	12,30
80	4	7,20	11,20	12,40	14	15,60	16,40
100	5	9	14	15,50	17,50	19,50	20,50
200	10	18	28	31	35	39	41
300	15	27	42	46,50	52,50	58,50	61,50
400	20	36	56	62	70	78	82
500	25	45	70	77,50	87,50	97,50	102,50
600	30	54	84	93	105	117	123
700	35	63	98	108,50	122,50	136,50	143,50
800	40	72	112	124	140	156	164
900	45	81	126	139,50	157,50	175,50	184,50
1 000	50	90	140	155	175	195	205
2 000	100	180	280	310	350	390	410
3 000	150	270	420	465	525	585	615
4 000	200	360	560	620	700	780	820
5 000	250	450	700	775	875	975	1 025
6 000	300	540	840	930	1 050	1 170	1 230
7 000	350	630	980	1 085	1 225	1 365	1 435
8 000	400	720	1 120	1 240	1 400	1 560	1 640
9 000	450	810	1 260	1 395	1 575	1 755	1 815
10 000	500	900	1 400	1 550	1 750	1 950	2 050
20 000	1 000	1 800	2 800	3 100	3 500	3 900	4 100
30 000	1 500	2 700	4 200	4 650	5 250	5 850	6 150
40 000	2 000	3 600	5 600	6 200	7 000	7 800	8 200
50 000	2 500	4 500	7 000	7 750	8 750	9 750	10 250
60 000	3 000	5 400	8 400	9 300	10 500	11 700	12 300
70 000	3 500	6 300	9 800	10 850	12 250	13 650	14 350
80 000	4 000	7 200	11 200	12 400	14 000	15 600	16 400
90 000	4 500	8 100	12 600	13 950	15 750	17 550	18 450
100 000	5 000	9 000	14 000	15 500	17 500	19 500	20 500
200 000	10 000	18 000	28 000	31 000	35 000	39 000	41 000
300 000	15 000	27 000	42 000	46 500	52 500	58 500	61 500
400 000	20 000	36 000	56 000	62 000	70 000	78 000	82 000
500 000	25 000	45 000	70 000	77 500	87 500	97 500	102 500
600 000	30 000	54 000	84 000	93 000	105 000	117 000	123 000
700 000	35 000	63 000	98 000	108 500	122 500	136 500	143 500
800 000	40 000	72 000	112 000	124 000	140 000	156 000	164 000
900 000	45 000	81 000	126 000	139 500	157 500	175 500	184 500
1 000 000	50 000	90 000	140 000	155 000	175 000	195 000	205 000
2 000 000	100 000	180 000	280 000	310 000	350 000	390 000	410 000
3 000 000	150 000	270 000	420 000	465 000	525 000	585 000	615 000
4 000 000	200 000	360 000	560 000	620 000	700 000	780 000	820 000
5 000 000	250 000	450 000	700 000	775 000	875 000	975 000	1 025 000
6 000 000	300 000	540 000	840 000	930 000	1 050 000	1 170 000	1 230 000
7 000 000	350 000	630 000	980 000	1 085 000	1 225 000	1 365 000	1 435 000
8 000 000	400 000	720 000	1 120 000	1 240 000	1 400 000	1 560 000	1 640 000
9 000 000	450 000	810 000	1 260 000	1 395 000	1 575 000	1 755 000	1 845 000
10 000 000	500 000	900 000	1 400 000	1 550 000	1 750 000	1 950 000	2 050 000
50 000 000	2 158 345	4 155 445	6 655 440	7 405 440	8 405 440	9 405 440	9 905 440
60 000 000	2 658 345	5 055 445	8 055 440	8 955 440	10 155 440	11 355 440	11 955 440
70 000 000	3 158 345	5 955 445	9 455 440	10 505 440	11 905 440	13 305 440	14 005 440
80 000 000	3 658 345	6 855 445	10 855 440	12 055 440	13 655 440	15 255 440	16 055 440
90 000 000	4 158 345	7 755 445	12 255 440	13 605 440	15 405 440	17 205 440	18 105 440
100 000 000	4 658 345	8 655 445	13 655 440	15 155 440	17 155 440	19 155 440	20 155 440